妇女权益保障法

学习宣传本

2022年修订

中国法制出版社
CHINA LEGAL PUBLISHING HOUSE

出版说明

党和国家高度重视、积极推进妇女工作，促进男女平等和妇女全面发展。党的十八大以来，以习近平同志为核心的党中央从党和国家事业发展全局出发，就维护妇女权益、促进妇女全面发展，提出新的更高要求，作出一系列重要部署。习近平总书记的重要论述和党中央的决策部署，为做好妇女权益保障工作指明了方向。

《中华人民共和国妇女权益保障法》（以下简称《妇女权益保障法》） 1992 年由七届全国人大五次会议通过，此后经过了 2005 年的全面修订、2018 年的个别调整。该法实施近 30 年来，有力促进了妇女在各方面权益保障水平的提高，推动了男女平等基本国策深入人心。同时不可否认，妇女权益保障领域存在的一些老问题尚未得到根本解决，而随着经济社会发展还出现了一些新情况、新问题。为了进一步优化促进男女平等的基础性制度设计，完善保障内容，提升保障水平，为妇女全面发展营造环境、扫清障碍、创造条件。国家对《妇女权益保障法》再一次进行全面修订。新修订的《妇女权益保障法》于 2022 年 10 月 30 日正式通过①。

为了帮助广大读者更好地学习和了解新修订的《妇女权益保障法》，促进全社会提升妇女权益保护的意识，消除对妇女一切形式的歧视，充分保障妇女的合法权益，特编写此学习宣传本。

本书具有如下特点：

一是配上了知识点和典型案例，梳理延伸知识，便于更好地普及法律。

二是采用了大字版式，从而更加适合读者学习使用。

三是条文编写了条旨，便于读者更好地理解法条主旨意思。

四是采用了双色印制，区分不同板块，提供更好的阅读体验。

希望本书能够充分发挥作用，为大众学习、了解《妇女权益保障法》及延伸相关知识提供一定便利和帮助。同时，也希望本书能为新时代法治宣传教育工作的持续开展起到一定助推作用。

---

① 根据中华人民共和国主席令第一二二号，《中华人民共和国妇女权益保障法》由中华人民共和国第十三届全国人民代表大会常务委员会第三十七次会议于 2022 年 10 月 30 日修订通过，自 2023 年 1 月 1 日起施行。

目　录

中华人民共和国妇女权益保障法

中华人民共和国妇女权益保障法

（1992年4月3日第七届全国人民代表大会第五次会议通过　根据2005年8月28日第十届全国人民代表大会常务委员会第十七次会议《关于修改〈中华人民共和国妇女权益保障法〉的决定》第一次修正　根据2018年10月26日第十三届全国人民代表大会常务委员会第六次会议《关于修改〈中华人民共和国野生动物保护法〉等十五部法律的决定》第二次修正　2022年10月30日第十三届全国人民代表大会常务委员会第三十七次会议修订）

第一章　总　　则

第一条　【立法目的】为了保障妇女的合法权益，促进男女平等和妇女全面发展，充分发挥妇女在全面建设社会主义现代化国家中的作用，弘扬社会主义核心价值观，根据宪法，制定本法。

第二条　【男女平等与妇女依法特殊保护】男女平等是国家的基本国策。妇女在政治的、经济的、文化的、社会的和家庭的生活等各方面享有同男子平等的权利。

国家采取必要措施，促进男女平等，消除对妇女一切形式的歧视，禁止排斥、限制妇女依法享有和行使各项权益。

国家保护妇女依法享有的特殊权益。

知识点 明确国家采取必要措施，促进男女平等，消除对妇女一切形式的歧视

《宪法》第四十八条第一款规定“中华人民共和国妇女在政治的、经济的、文化的、社会的和家庭的生活等各方面享有同男子平等的权利”。为了更好地贯彻宪法精神，在政治的、经济的、文化的、社会的和家庭的生活等各方面落实男女平等要求，《妇女权益保障法》进一步明确，国家采取必要措施，促进男女平等，消除对妇女一切形式的歧视，禁止排斥、限制妇女依法享有和行使各项权益（第二条第二款）。国家保护妇女依法享有的特殊权益（第二条第三款）。并规定了人力资源和社会保障部门应当将招聘、录取、晋职、晋级、评聘专业技术职称和职务、培训、辞退等过程中的性别歧视行为纳入劳动保障监察范围（第四十九条）。

第三条　【妇女权益保障工作领导和工作机制】 坚持中国共产党对妇女权益保障工作的领导，建立

政府主导、各方协同、社会参与的保障妇女权益工作机制。

各级人民政府应当重视和加强妇女权益的保障工作。

县级以上人民政府负责妇女儿童工作的机构，负责组织、协调、指导、督促有关部门做好妇女权益的保障工作。

县级以上人民政府有关部门在各自的职责范围内做好妇女权益的保障工作。

第四条　【保障妇女合法权益】保障妇女的合法权益是全社会的共同责任。国家机关、社会团体、企业事业单位、基层群众性自治组织以及其他组织和个人，应当依法保障妇女的权益。

国家采取有效措施，为妇女依法行使权利提供必要的条件。

第五条　【妇女发展纲要和规划】国务院制定和组织实施中国妇女发展纲要，将其纳入国民经济和社会发展规划，保障和促进妇女在各领域的全面发展。

县级以上地方各级人民政府根据中国妇女发展纲要，制定和组织实施本行政区域的妇女发展规划，将其纳入国民经济和社会发展规划。

县级以上人民政府应当将妇女权益保障所需经费列入本级预算。

第六条　【妇联等群团组织应做好维护妇女权益工作】中华全国妇女联合会和地方各级妇女联合会依照法律和中华全国妇女联合会章程，代表和维护各族各界妇女的利益，做好维护妇女权益、促进男女平等和妇女全面发展的工作。

工会、共产主义青年团、残疾人联合会等群团组织应当在各自的工作范围内，做好维护妇女权益的工作。

第七条　【国家鼓励妇女维护合法权益】国家鼓励妇女自尊、自信、自立、自强，运用法律维护自身合法权益。

妇女应当遵守国家法律，尊重社会公德、职业道德和家庭美德，履行法律所规定的义务。

第八条　【立法应当听取妇联意见，考虑妇女特殊权益】有关机关制定或者修改涉及妇女权益的法律、法规、规章和其他规范性文件，应当听取妇女联合会的意见，充分考虑妇女的特殊权益，必要时开展男女平等评估。

第九条　【妇女发展状况统计调查制度】国家建

立健全妇女发展状况统计调查制度，完善性别统计监测指标体系，定期开展妇女发展状况和权益保障统计调查和分析，发布有关信息。

第十条 【男女平等基本国策纳入国民教育体系】国家将男女平等基本国策纳入国民教育体系，开展宣传教育，增强全社会的男女平等意识，培育尊重和关爱妇女的社会风尚。

第十一条 【表彰和奖励】国家对保障妇女合法权益成绩显著的组织和个人，按照有关规定给予表彰和奖励。

第二章 政治权利

第十二条 【保障妇女平等的政治权利】国家保障妇女享有与男子平等的政治权利。

第十三条 【参与国家和社会管理，提出意见和建议权】妇女有权通过各种途径和形式，依法参与管理国家事务、管理经济和文化事业、管理社会事务。

妇女和妇女组织有权向各级国家机关提出妇女权益保障方面的意见和建议。

第十四条 【平等的选举权和被选举权】妇女享

有与男子平等的选举权和被选举权。

全国人民代表大会和地方各级人民代表大会的代表中，应当保证有适当数量的妇女代表。国家采取措施，逐步提高全国人民代表大会和地方各级人民代表大会的妇女代表的比例。

居民委员会、村民委员会成员中，应当保证有适当数量的妇女成员。

第十五条　【女干部的培养和选拔】国家积极培养和选拔女干部，重视培养和选拔少数民族女干部。

国家机关、群团组织、企业事业单位培养、选拔和任用干部，应当坚持男女平等的原则，并有适当数量的妇女担任领导成员。

妇女联合会及其团体会员，可以向国家机关、群团组织、企业事业单位推荐女干部。

国家采取措施支持女性人才成长。

第十六条　【妇联的职责】妇女联合会代表妇女积极参与国家和社会事务的民主协商、民主决策、民主管理和民主监督。

第十七条　【对涉及妇女权益的批评建议、申诉、控告和检举的处理】对于有关妇女权益保障工作的批评或者合理可行的建议，有关部门应当听取和采纳；对于有关侵害妇女权益的申诉、控告和检举，有关部门应当查清事实，负责处理，任何组织和个人不得压制或者打击报复。

第三章　人身和人格权益

第十八条　【保障妇女平等的人身和人格权益】 国家保障妇女享有与男子平等的人身和人格权益。

第十九条　【妇女人身自由不受侵犯】 妇女的人身自由不受侵犯。禁止非法拘禁和以其他非法手段剥夺或者限制妇女的人身自由；禁止非法搜查妇女的身体。

案例

非法拘禁女友案

2022年7月，周某看到同居女友孙某的汽车载有陌生男人，便拦下车辆，用脚踢碎前挡风玻璃，并在车上多次对孙某进行殴打、恐吓。后周某又将孙某带至双方住处，用西瓜刀等威胁孙某，并用绳索捆绑限制其人身自由。直至次日凌晨2时许，孙某趁周某熟睡之机逃脱。此时，孙某被非法拘禁长达4小时之久，期间多次受到威胁和恐吓，造成精神和身体双重伤害。2020年8月5日，周某被县人民检察院以涉嫌非法拘禁罪批准逮捕，同日由县公安局执行逮捕。2020年11月，周某因犯非法拘禁罪，被判处有期徒刑6个月。

评析

我国法律明确规定，妇女的人身自由不受侵犯；禁止非法拘禁和以其他非法手段剥夺或者限制妇女的人身自由。本案中，虽然双方当事人系男女朋友关系，但公安机关没有将其作为普通情侣内部矛盾进行简单处理，而是严厉打击了侵害妇女权益的犯罪行为，第一时间立案侦查，认真搜集固定证据，使侵害妇女权益者受到了相应处罚。妇联组织也及时介入，为受害者提供了法律援助及心理疏导。通过协作配合，为受害者提供了多方面救济。

第二十条　【妇女人格尊严不受侵犯】妇女的人格尊严不受侵犯。禁止用侮辱、诽谤等方式损害妇女的人格尊严。

第二十一条　【妇女生命权、身体权、健康权不受侵犯】妇女的生命权、身体权、健康权不受侵犯。禁止虐待、遗弃、残害、买卖以及其他侵害女性生命健康权益的行为。

禁止进行非医学需要的胎儿性别鉴定和选择性别的人工终止妊娠。

医疗机构施行生育手术、特殊检查或者特殊治疗时，应当征得妇女本人同意；在妇女与其家属或者关系人意见不一致时，应当尊重妇女本人意愿。

第二十二条　【禁止拐卖、绑架妇女及发现报告和解救】禁止拐卖、绑架妇女；禁止收买被拐卖、绑架的妇女；禁止阻碍解救被拐卖、绑架的妇女。

各级人民政府和公安、民政、人力资源和社会保障、卫生健康等部门及村民委员会、居民委员会按照各自的职责及时发现报告，并采取措施解救被拐卖、绑架的妇女，做好被解救妇女的安置、救助和关爱等工作。妇女联合会协助和配合做好有关工作。任何组织和个人不得歧视被拐卖、绑架的妇女。

知识点　拐卖、绑架妇女行为及时发现报告和解救

《妇女权益保障法》对拐卖、绑架妇女等侵权行为的发现报告及解救作了规定。各级人民政府和公安、民政、人力资源和社会保障、卫生健康等部门及村民委员会、居民委员会按照各自的职责及时发现报告，并采取措施解救被拐卖、绑架的妇女，做好被解救妇女的安置、救助和关爱等工作。妇女联合会协助和配合做好有关

工作。任何组织和个人不得歧视被拐卖、绑架的妇女。该规定督促相关人员履行保护义务，进一步保护妇女权益，以遏制拐卖、绑架妇女的违法犯罪行为。

案例

刘某华、刘某军拐卖妇女案

被告人刘某华、刘某军系堂兄弟关系。2013年年初，被告人刘某军在外务工时认识了已婚的被害人张某。其间，被告人刘某华联系被告人刘某军，让其在外物色一个女人带回“找婆家”卖钱。2013年6月，被告人刘某军以外出打工可以挣很多钱为由，将被害人张某骗至某市某县某乡镇交给刘某华。刘某华第一次出卖张某未果后，二人将张某带到某市某县某乡镇罗某家，以35000元的价格将张某卖给罗某的儿子罗某甲（系聋哑人）为妻，被告人刘某华、刘某军随即将35000元瓜分。经该市精神卫生中心鉴定，张某患轻度精神发育迟滞，具有限制性防卫能力。某市某县人民法院经审理认为，被告人刘某军以打工挣钱为由，将轻度精神发育迟滞并具有限制性防卫能力的被害人张某拐骗至某县后，伙同被告人刘某华以介绍婚姻为名，将被害人出卖给他人为妻，从中非法获利，其行为构成拐卖妇女罪。根据两名被告人在共同犯罪中的不同作用以及刘某军具有坦白情节，依照刑法有关规定，以拐卖妇女罪，判处被告人刘某华有期徒刑五年六个月，并处罚金人民币1万元；判处刘某军有期徒刑五年，并处罚金人民币1万元；没收违法所得，上缴国库。宣判后，被告人未上诉，检察机关未抗诉，一审判决生效。

评析

无论公民身体、精神状况如何，其合法权利都一律平等地受我国法律保护。本案中两名被告人将罪恶黑手伸向存在精神障碍的妇女，将被害人骗至外地后贩卖给他人为妻，严重侵犯了被害人的合法人身权利，因此受到了法律的制裁。法律禁止拐卖、绑架妇女，国家持续打击拐卖、绑架妇女的犯罪行为，不断组织开展专项排查，及时解救被拐卖、绑架的受害人，有力震慑和惩处拐卖人口犯罪。

第二十三条　【禁止对妇女实施性骚扰】禁止违背妇女意愿，以言语、文字、图像、肢体行为等方式对其实施性骚扰。

受害妇女可以向有关单位和国家机关投诉。接到投诉的有关单位和国家机关应当及时处理，并书面告知处理结果。

受害妇女可以向公安机关报案，也可以向人民法院提起民事诉讼，依法请求行为人承担民事责任。

案例

反对职场性骚扰引发的劳动合同纠纷案

2018年8月30日，某公司经理郑某因认为下属女职工任某与郑某的上级孙某（已婚）之间的关系有点僵，为“疏解”二人关系而找任某谈话。任某提及其在刚入职时，曾向郑某出示过间接上级孙某向其发送的性骚扰微信记录截屏。谈话中，任某强调孙某是在对其进行性骚扰，孙某要求与其发展成男女关系，并在遭到拒绝后继续不停骚扰。郑某则表示“你如果这样干工作的话，让我很难过”。

之后，郑某以任某不合群等为由向该公司人事部提出与任某解除劳动合同，但未能说明解除任某劳动合同的合理依据。公司人事部为此找任某了解情况。任某告知人事部其被间接上级孙某骚扰，郑某有意无意撮合其和孙某，其因拒绝骚扰行为而受到打击报复。公司为此展开调查。两周后，公司出具单方面解除函，以郑某未尽经理职责，在下属反映遭受间接上级骚扰后没有采取任何措施帮助下属不再继续遭受骚扰，反而对下属进行打击报复，在调查过程中就上述事实作虚假陈述为由，与郑某解除劳动合同。

2019年7月22日，郑某向该市劳动争议仲裁委员会申请仲裁，要求公司支付违法解除劳动合同赔偿金368130

元。该请求未得到仲裁裁决支持。郑某不服，以相同请求诉至该市某区人民法院。2020年11月30日，该市某区人民法院作出判决：驳回郑某的诉讼请求。郑某不服一审判决，提起上诉。该市中级人民法院二审裁定：驳回上诉，维持原判。

评析

《妇女权益保障法》明确规定，妇女遭受性骚扰可以向有关单位和国家机关投诉。接到投诉的有关单位和国家机关应当及时处理，并书面告知处理结果。《民法典》明确规定，企业应当采取合理的预防、受理投诉、调查处置等措施，防止和制止利用职权、从属关系等实施性骚扰。用人单位的管理人员对被性骚扰员工的投诉，应采取合理的处置措施。管理人员如存在未采取合理措施或者存在纵容性骚扰行为、干扰对性骚扰行为调查等情形，用人单位以管理人员未尽岗位职责，严重违反规章制度为由解除劳动合同，管理人员主张解除劳动合同违法的，人民法院不予支持。同时，为切实落实好用人单位的法定义务，相关部门应加强劳动保障法律监督，指导用人单位建立预防和制止性骚扰工作机制，对用人单位防治职场性骚扰的制度进行备案、审查及督促落实，全方位支持与确保用人单位强化责任，履行义务，充分保障女职工的权益。

第二十四条　【学校应建立预防和处置女学生受性侵害、性骚扰工作制度】学校应当根据女学生的年龄阶段，进行生理卫生、心理健康和自我保护教育，在教育、管理、设施等方面采取措施，提高其防范性侵害、性骚扰的自我保护意识和能力，保障女学生的人身安全和身心健康发展。

学校应当建立有效预防和科学处置性侵害、性骚扰的工作制度。对性侵害、性骚扰女学生的违法犯罪行为，学校不得隐瞒，应当及时通知受害未成年女学生的父母或者其他监护人，向公安机关、教育行政部门报告，并配合相关部门依法处理。

对遭受性侵害、性骚扰的女学生，学校、公安机关、教育行政部门等相关单位和人员应当保护其隐私和个人信息，并提供必要的保护措施。

知识点　学校应建立有效预防和科学处置性侵害、性骚扰的工作制度

学校应当建立有效预防和科学处置性侵害、性骚扰的工作制度。对性侵害、性骚扰女学生的违法犯罪行为，学校不得隐瞒，应当及时通知受害未成年女学生的父母或者其他监护人，向公安机关、教育行政部门报告，并配合相关部门依法处理（第二十四条第二款）。此外，2020 年发布的《最高人民检察院、教育部、公

安部关于建立教职员工准入查询性侵违法犯罪信息制度的意见》规定了教职员工准入查询制度，中小学校、幼儿园新招录教职员工前，教师资格认定机构在授予申请人教师资格前，应当进行性侵违法犯罪信息查询，对具有性侵违法犯罪记录的人员，不予录用或者不予认定教师资格。总的来说，为有效防范和科学处置性侵害、性骚扰，法律和司法解释等对学校相应工作有了更高的要求。

第二十五条　【用人单位应预防和制止对妇女的性骚扰】用人单位应当采取下列措施预防和制止对妇女的性骚扰：

（一）制定禁止性骚扰的规章制度；

（二）明确负责机构或者人员；

（三）开展预防和制止性骚扰的教育培训活动；

（四）采取必要的安全保卫措施；

（五）设置投诉电话、信箱等，畅通投诉渠道；

（六）建立和完善调查处置程序，及时处置纠纷并保护当事人隐私和个人信息；

（七）支持、协助受害妇女依法维权，必要时为受害妇女提供心理疏导；

（八）其他合理的预防和制止性骚扰措施。

第二十六条　【住宿经营者及时报告义务】住宿经营者应当及时准确登记住宿人员信息，健全住宿服务规章制度，加强安全保障措施；发现可能侵害妇女权益的违法犯罪行为，应当及时向公安机关报告。

第二十七条　【禁止卖淫、嫖娼】禁止卖淫、嫖娼；禁止组织、强迫、引诱、容留、介绍妇女卖淫或者对妇女进行猥亵活动；禁止组织、强迫、引诱、容留、介绍妇女在任何场所或者利用网络进行淫秽表演活动。

第二十八条　【妇女人格权益受法律保护】妇女的姓名权、肖像权、名誉权、荣誉权、隐私权和个人信息等人格权益受法律保护。

媒体报道涉及妇女事件应当客观、适度，不得通过夸大事实、过度渲染等方式侵害妇女的人格权益。

禁止通过大众传播媒介或者其他方式贬低损害妇女人格。未经本人同意，不得通过广告、商标、展览橱窗、报纸、期刊、图书、音像制品、电子出版物、网络等形式使用妇女肖像，但法律另有规定的除外。

第二十九条　【人身安全保护令】禁止以恋爱、交友为由或者在终止恋爱关系、离婚之后，纠缠、骚扰妇女，泄露、传播妇女隐私和个人信息。

妇女遭受上述侵害或者面临上述侵害现实危险的，可以向人民法院申请人身安全保护令。

知识点 因婚恋纠纷被纠缠骚扰可申请人身安全保护令

人身安全保护令是人民法院为了保护家庭暴力受害人及其子女和特定亲属的人身安全、确保婚姻案件诉讼程序的正常进行而作出的一种民事强制措施。当事人遭受家庭暴力或者面临家庭暴力现实危险时，可依照反家庭暴力法向人民法院申请人身安全保护令。《反家庭暴力法》把“家庭暴力”界定为以殴打、捆绑、残害、限制人身自由以及经常性谩骂、恐吓等方式实施的身体、精神等侵害行为。2022年，《最高人民法院关于办理人身安全保护令案件适用法律若干问题的规定》对家庭暴力行为种类作了列举式扩充，明确以冻饿或者经常性侮辱、诽谤、威胁、跟踪、骚扰等方式实施的身体或者精神侵害行为均属于家庭暴力。新修订的《妇女权益保障法》进一步规定，禁止以恋爱、交友为由或者在终止恋爱关系、离婚之后，纠缠、骚扰妇女，泄露、传播妇女隐私和个人信息（第二十九条第一款）。妇女遭受上述侵害或者面临上述侵害现实危险的，可以向人民法院申请人身安全保护令（第二十九条第二款）。

第三十条　【妇女健康服务体系】国家建立健全妇女健康服务体系，保障妇女享有基本医疗卫生服务，开展妇女常见病、多发病的预防、筛查和诊疗，提高妇女健康水平。

国家采取必要措施，开展经期、孕期、产期、哺乳期和更年期的健康知识普及、卫生保健和疾病防治，保障妇女特殊生理时期的健康需求，为有需要的妇女提供心理健康服务支持。

第三十一条　【妇幼保健和妇女卫生健康】县级以上地方人民政府应当设立妇幼保健机构，为妇女提供保健以及常见病防治服务。

国家鼓励和支持社会力量通过依法捐赠、资助或者提供志愿服务等方式，参与妇女卫生健康事业，提供安全的生理健康用品或者服务，满足妇女多样化、差异化的健康需求。

用人单位应当定期为女职工安排妇科疾病、乳腺疾病检查以及妇女特殊需要的其他健康检查。

第三十二条　【生育权利与自由】妇女依法享有生育子女的权利，也有不生育子女的自由。

第三十三条　【妇女全生育周期系统保健制度】国家实行婚前、孕前、孕产期和产后保健制度，逐步建立妇女全生育周期系统保健制度。医疗保健机构应当提供安全、有效的医疗保健服务，保障妇女生育安全和健康。

有关部门应当提供安全、有效的避孕药具和技术，保障妇女的健康和安全。

第三十四条 【规划、建设基础设施时应考虑妇女特殊需求】各级人民政府在规划、建设基础设施时，应当考虑妇女的特殊需求，配备满足妇女需要的公共厕所和母婴室等公共设施。

第四章 文化教育权益

第三十五条 【保障妇女平等的文化教育权利】国家保障妇女享有与男子平等的文化教育权利。

第三十六条 【保障适龄女性未成年人接受并完成义务教育】父母或者其他监护人应当履行保障适龄女性未成年人接受并完成义务教育的义务。

对无正当理由不送适龄女性未成年人入学的父母或者其他监护人，由当地乡镇人民政府或者县级人民政府教育行政部门给予批评教育，依法责令其限期改正。居民委员会、村民委员会应当协助政府做好相关工作。

政府、学校应当采取有效措施，解决适龄女性未成年人就学存在的实际困难，并创造条件，保证适龄女性未成年人完成义务教育。

第三十七条　【保障妇女平等享有接受教育的权利和机会】学校和有关部门应当执行国家有关规定，保障妇女在入学、升学、授予学位、派出留学、就业指导和服务等方面享有与男子平等的权利。

学校在录取学生时，除国家规定的特殊专业外，不得以性别为由拒绝录取女性或者提高对女性的录取标准。

各级人民政府应当采取措施，保障女性平等享有接受中高等教育的权利和机会。

第三十八条　【扫除妇女文盲、半文盲工作】各级人民政府应当依照规定把扫除妇女中的文盲、半文盲工作，纳入扫盲和扫盲后继续教育规划，采取符合妇女特点的组织形式和工作方法，组织、监督有关部门具体实施。

第三十九条　【为妇女终身学习创造条件】国家健全全民终身学习体系，为妇女终身学习创造条件。

各级人民政府和有关部门应当采取措施，根据城镇和农村妇女的需要，组织妇女接受职业教育和实用技术培训。

第四十条 【保障妇女在文化活动中享有平等的权利】国家机关、社会团体和企业事业单位应当执行国家有关规定，保障妇女从事科学、技术、文学、艺术和其他文化活动，享有与男子平等的权利。

第五章　劳动和社会保障权益

第四十一条 【保障妇女平等的劳动权利和社会保障权利】国家保障妇女享有与男子平等的劳动权利和社会保障权利。

第四十二条 【政府和有关部门应防止和纠正就业性别歧视】各级人民政府和有关部门应当完善就业保障政策措施，防止和纠正就业性别歧视，为妇女创造公平的就业创业环境，为就业困难的妇女提供必要的扶持和援助。

第四十三条 【用人单位招录时不得实施性别歧视行为】用人单位在招录（聘）过程中，除国家另有规定外，不得实施下列行为：

（一）限定为男性或者规定男性优先；

（二）除个人基本信息外，进一步询问或者调查女性求职者的婚育情况；

（三）将妊娠测试作为入职体检项目；

（四）将限制结婚、生育或者婚姻、生育状况作为录（聘）用条件；

（五）其他以性别为由拒绝录（聘）用妇女或者差别化地提高对妇女录（聘）用标准的行为。

知识点 明确就业性别歧视的主要情形

《妇女权益保障法》明确就业性别歧视的主要情形，完善消除就业性别歧视的机制。规定用人单位在招录（聘）过程中，除国家另有规定的外，不得“限定男性或者规定男性优先”，不得“除个人基本信息外，进一步询问或者调查女性求职者的婚育情况”，不得“将妊娠测试作为入职体检项目”，不得“将限制结婚、生育或者婚姻、生育状况作为录（聘）用条件”，不得“以性别为由拒绝录（聘）用妇女或者差别化地提高对妇女录（聘）用标准”。《妇女权益保障法》对女性就业的公平权益作出了明确规定，有助于保护女性社会地位、保障就业公平。

案例

快递公司就业性别歧视案

2015年10月20日，某劳务公司在某网站上发布招聘信息，其中，在任职资格一栏，写明：男。王女士看到此招聘信息后，投递简历申请该职位并收到面试通知，于2015年10月25日到某快递公司面试，试工2日。其间王女士完成了公司下达的工作任务，双方于11月9日达成签约意向，但最终双方并未签约。11月20日王女士给对方负责人李某打电话询问不能签合同的原因，李某确认因为王女士性别为女，不符合任职资格，所以某快递公司不批准签合同。王女士认为其应聘的快递员一职并不属于不适合妇女的工种或岗位，但某快递公司、某劳务公司仅因为其是女性就拒绝录用，系一种性别歧视行为，损害了女性的平等就业权，于是向法院提起了诉讼。法院认定某快递公司对王女士实施了就业歧视，赔偿王女士精神损害抚慰金2000元。

评析

本案中，法院通过判决令实施就业性别歧视的单位承担民事责任，不仅是对全体劳动者的保护，有利于营造平等、和谐的就业环境，更是对企图实施就业性别歧视的单位予以威慑，让平等就业的法律法规落到实处，起到规范、引导的良好作用。根据《妇女权益保障法》《劳动合同法》等法律法规，用人单位在招录（聘）过程中，除国家另有规定的外，不得实施其他以性别为由拒绝录（聘）用妇女或者差别化地提高对妇女录（聘）用标准的行为。

第四十四条　【劳动合同应具备女职工特殊保护条款】用人单位在录（聘）用女职工时，应当依法与其签订劳动（聘用）合同或者服务协议，劳动（聘用）合同或者服务协议中应当具备女职工特殊保护条款，并不得规定限制女职工结婚、生育等内容。

职工一方与用人单位订立的集体合同中应当包含男女平等和女职工权益保护相关内容，也可以就相关内容制定专章、附件或者单独订立女职工权益保护专项集体合同。

知识点　劳动合同（协议）应具备女职工特殊保护条款

为了进一步保障女职工的权益，《妇女权益保障法》对用人单位录（聘）用女职工时不得实施就业性别歧视作出了规定，还在签订合同的内容条款上提出了要求。如，要求用人单位在录（聘）用女职工时，劳动（聘用）合同或者服务协议中应当具备女职工特殊保护条款，并且不得规定限制女职工结婚、生育等内容（第四十四条第一款）。特殊保护要求可参考《女职工劳动保护特别规定》的相关规定。

第四十五条　【男女同工同酬】实行男女同工同酬。妇女在享受福利待遇方面享有与男子平等的权利。

第四十六条　【晋职、晋级等不得歧视妇女】在晋职、晋级、评聘专业技术职称和职务、培训等方面，应当坚持男女平等的原则，不得歧视妇女。

第四十七条　【保护妇女工作和劳动时的安全、健康及休息的权利】用人单位应当根据妇女的特点，依法保护妇女在工作和劳动时的安全、健康以及休息的权利。

妇女在经期、孕期、产期、哺乳期受特殊保护。

知识点 依法保护妇女工作和劳动时的安全、健康及休息的权利

用人单位应当根据妇女的特点，依法保护妇女在工作和劳动时的安全、健康以及休息的权利。妇女在经期、孕期、产期、哺乳期受特殊保护。根据《女职工劳动保护特别规定》：女职工依法享有产假；用人单位应遵守女职工禁忌从事的劳动范围的规定；用人单位不得因女职工怀孕、生育、哺乳降低其工资、予以辞退、与其解

除劳动或者聘用合同；对怀孕7个月以上的女职工，用人单位不得延长劳动时间或者安排夜班劳动，并应当在劳动时间内安排一定的休息时间；怀孕女职工在劳动时间内进行产前检查，所需时间计入劳动时间；用人单位应当在每天的劳动时间内为哺乳期女职工安排1小时哺乳时间，女职工生育多胞胎的，每多哺乳1个婴儿每天增加1小时哺乳时间。各省（自治区、直辖市）的《人口与计划生育条例》则规定女职工依法享有相应的生育假、育儿假等。

第四十八条　【用人单位用工中不得侵害女职工法定权益】用人单位不得因结婚、怀孕、产假、哺乳等情形，降低女职工的工资和福利待遇，限制女职工晋职、晋级、评聘专业技术职称和职务，辞退女职工，单方解除劳动（聘用）合同或者服务协议。

女职工在怀孕以及依法享受产假期间，劳动（聘用）合同或者服务协议期满的，劳动（聘用）合同或者服务协议期限自动延续至产假结束。但是，用人单位依法解除、终止劳动（聘用）合同、服务协议，或者女职工依法要求解除、终止劳动（聘用）合同、服务协议的除外。

用人单位在执行国家退休制度时，不得以性别为由歧视妇女。

第四十九条　【性别歧视行为纳入劳动保障监察】人力资源和社会保障部门应当将招聘、录取、晋职、晋级、评聘专业技术职称和职务、培训、辞退等过程中的性别歧视行为纳入劳动保障监察范围。

第五十条　【妇女权益社会保障】国家发展社会保障事业，保障妇女享有社会保险、社会救助和社会福利等权益。

国家提倡和鼓励为帮助妇女而开展的社会公益活动。

第五十一条　【生育保险制度和职工生育休假制度】国家实行生育保险制度，建立健全婴幼儿托育服务等与生育相关的其他保障制度。

国家建立健全职工生育休假制度，保障孕产期女职工依法享有休息休假权益。

地方各级人民政府和有关部门应当按照国家有关规定，为符合条件的困难妇女提供必要的生育救助。

第五十二条　【加强困难妇女的权益保障】各级人民政府和有关部门应当采取必要措施，加强贫困妇女、老龄妇女、残疾妇女等困难妇女的权益保障，按照有关规定为其提供生活帮扶、就业创业支持等关爱服务。

知识点 对困难妇女权益保障作了进一步规定

《妇女权益保障法》专门对困难妇女的权益保障作出了具体规定。一是各级人民政府和有关部门应当采取必要措施，加强贫困妇女、老龄妇女、残疾妇女等困难妇女的权益保障，按照有关规定为其提供生活帮扶、就业创业支持等关爱服务（第五十二条）。二是各级人民政府和有关部门应当完善就业保障政策措施，防止和纠正就业性别歧视，为妇女创造公平的就业创业环境，为就业困难的妇女提供必要的扶持和援助（第四十二条）。三是地方各级人民政府和有关部门应当按照国家有关规定，为符合条件的困难妇女提供必要的生育救助（第五十一条第三款）。

第六章　财产权益

第五十三条　【保障妇女平等的财产权利】国家保障妇女享有与男子平等的财产权利。

第五十四条　【不得侵害妇女共同、共有财产权益】在夫妻共同财产、家庭共有财产关系中，不得侵害妇女依法享有的权益。

第五十五条　【妇女平等享有农村集体经济中的

各项权益】妇女在农村集体经济组织成员身份确认、土地承包经营、集体经济组织收益分配、土地征收补偿安置或者征用补偿以及宅基地使用等方面，享有与男子平等的权利。

申请农村土地承包经营权、宅基地使用权等不动产登记，应当在不动产登记簿和权属证书上将享有权利的妇女等家庭成员全部列明。征收补偿安置或者征用补偿协议应当将享有相关权益的妇女列入，并记载权益内容。

第五十六条　【不得侵害妇女在农村集体经济中的各项权益】村民自治章程、村规民约，村民会议、村民代表会议的决定以及其他涉及村民利益事项的决定，不得以妇女未婚、结婚、离婚、丧偶、户无男性等为由，侵害妇女在农村集体经济组织中的各项权益。

因结婚男方到女方住所落户的，男方和子女享有与所在地农村集体经济组织成员平等的权益。

第五十七条　【保护妇女在城镇集体所有财产关系中的权益】国家保护妇女在城镇集体所有财产关系中的权益。妇女依照法律、法规的规定享有相关权益。

第五十八条　【平等的继承权】妇女享有与男子平等的继承权。妇女依法行使继承权，不受歧视。

丧偶妇女有权依法处分继承的财产，任何组织和个人不得干涉。

案例

张某琴等与张某军法定继承纠纷案

王某与张某系夫妻关系，张某已于 1997 年去世。二人生育了三女一子，即张某琴（女）、张某英（女）、张某红（女）及张某军（男），子女四人在张某去世前均已结婚。王某与张某共有房屋一套，产权证登记所有权人为张某。2019 年 5 月，因该套房屋被征收，张某军代领了房屋征收补偿款 600115 元。张某琴、张某英、张某红认为其作为张某的女儿，应有权分配房屋征收补偿款，遂向法院起诉。

某省某市某区人民法院审理后认为，遗产是公民死亡时遗留的个人合法财产。张某的遗产，妻子王某及其三女一子均系第一顺序法定继承人，享有继承权。王某与张某的共有房屋征收补偿款 600115 元，应归王某与张某共同所有。在遗产分割时，王某因与张某系夫妻，故分得一半。剩余 300057.5 元，王某及三女一子作为张某的第一顺序法定继承人，均享有继承权，各分得 60011.5 元。

评析

妇女依法享有与男子平等的继承权。本案中，张某琴（女）、张某英（女）、张某红（女）三人，不论出嫁与否，都依法享有与张某军（男）平等的权益。“嫁出去的女儿”依法享有法定继承权，国家维护妇女的合法权益，家庭应避免对妇女的歧视。社会中的组织和个人，也应该摒弃掉那些歧视女性的错误观念，树立正确的价值导向，积极弘扬社会主义核心价值观。

第五十九条　【对公婆尽了赡养义务丧偶儿媳的继承权】丧偶儿媳对公婆尽了主要赡养义务的，作为第一顺序继承人，其继承权不受子女代位继承的影响。

第七章　婚姻家庭权益

第六十条　【保障妇女平等的婚姻家庭权利】国家保障妇女享有与男子平等的婚姻家庭权利。

第六十一条　【保护妇女的婚姻自主权】国家保护妇女的婚姻自主权。禁止干涉妇女的结婚、离婚自由。

案例

因家暴起诉离婚法院缺席判决案

李某（男）在与胡某某（女）“闪婚”后，经常酒后殴打胡某某，每次都以威胁加道歉的方式取得胡某某谅解，但其对胡某某的打骂行为却不断升级，甚至出轨其他异性。胡某某在家人的支持下，向人民法院提起诉讼，要求离婚。李某得知后向胡某某发送了近百条恐吓微信，胡某某无奈之下向妇联寻求帮助。

妇联指派的律师发现，胡某某因李某的尾随行为处于极度恐惧的现实状态，律师立即协助胡某某向法院提交人身安全保护令申请，以及威胁短信、微信及尾随照片等证据。法院审查后下发人身安全保护令，律师积极申请承办法官联合派出所向李某当面送达人身安全保护令。法官明确告知其违反人身安全保护令的后果，李某才彻底停止了骚扰行为，胡某某因此得到保护和心理抚慰。

在之后的离婚诉讼中，李某拒不到庭参加庭审，案件审判陷入僵局，胡某某的诉求极有可能被驳回。为让法官能更全面地了解案情，律师指导胡某某将自己的遭遇写成情况陈述提交法院，同时收集了北京、上海等地被告缺席判决离婚的多个判例提交法院，并出具了详细的代理意见。最终，法院认为胡某某与李某二人婚前缺乏了解，草率结婚，婚后亦未建立起夫妻感情，双方性格不合，难以共同生活。本案中，被告李某经合法传唤不到庭应诉、陈述、举证与质证，是对其享有的诉讼权利的放弃。依照《中华人民共和国婚姻法》第三十二条①、《最高人民法院关于审理离婚案件如何认定夫妻感情确已破裂的若干具体意见》第二条②、《中华人民共和国民事诉讼法》第一百四十四条③之规定判决，准予原告胡某某与李某离婚。

评析

本案中，女方胡某某在"闪婚"后因经常遭受李某家暴而起诉离婚，之后受到恐吓。律师立即协助胡某某向法院申请了人身安全保护令，使胡某某依法得到保护。之后，由于李某恶意拒不到庭，使庭审陷入僵局。但代理律师通过充分的证据，有力说明婚前缺乏了解、婚后经常性家庭暴力已导致夫妻感情完全破裂的事实，获得法院的支持。于是，法院在夫妻一方首次起诉离婚且被告缺席的情况下，作出准予离婚的判决，维护了法律的公平与正义，助力当事人胡某某开启新生活。

---

① 现为《民法典》婚姻家庭编第一千零七十九条。

② 该司法解释现已失效。

③《中华人民共和国民事诉讼法》已于2021年修正，现相关内容规定于第一百四十七条："被告经传票传唤，无正当理由拒不到庭的，或者未经法庭许可中途退庭的，可以缺席判决。"

第六十二条　【鼓励婚前检查】国家鼓励男女双方在结婚登记前，共同进行医学检查或者相关健康体检。

第六十三条　【婚姻家庭辅导服务】婚姻登记机关应当提供婚姻家庭辅导服务，引导当事人建立平等、和睦、文明的婚姻家庭关系。

第六十四条　【男方不得提出离婚的情形】女方在怀孕期间、分娩后一年内或者终止妊娠后六个月内，男方不得提出离婚；但是，女方提出离婚或者人民法院认为确有必要受理男方离婚请求的除外。

第六十五条　【禁止对妇女实施家庭暴力】禁止对妇女实施家庭暴力。

县级以上人民政府有关部门、司法机关、社会团体、企业事业单位、基层群众性自治组织以及其他组织，应当在各自的职责范围内预防和制止家庭暴力，依法为受害妇女提供救助。

知识点　进一步加强政府和有关组织妇女权益保护职责

本次修订的《妇女权益保障法》，对各级政府和有关部门的妇女权益保护职责作了更多规定。如：乡镇人民政府应当对村民自治章程、村规民约，村民会议、村民代表会议的决定以及其他涉及村民利益事项的决定进行指导，对其中违反法律、法规和国家政策规定，侵害妇女合法权益的内容责令改正（第七十五条第二款）；婚姻登记机关应当提供婚姻家庭辅导服务（第六十三条）；县级以上人民政府有关部门、司法机关、社会团体、企业事业单位、基层群众性自治组织以及其他组织，应当在各自的职责范围内预防和制止家庭暴力，依法为受害妇女提供救助（第六十五条第二款）。

案例

张某云与张某森离婚纠纷支持起诉案

2006 年 3 月，张某云与张某森登记结婚。2019 年 6 月，因张某森实施家庭暴力，张某云起诉离婚。某省某县人民法院（以下简称某县法院）审理后认定，夫妻双方结婚十余年，因家庭琐事发生纠纷，虽夫妻关系不睦，但夫妻感情尚未破裂；虽然张某云提交了因遭受家庭暴力受伤的照片，但未能提供充分证据证实达到婚姻法①规定的“家庭暴力”并导致夫妻感情确已破裂的程度，考虑到双方婚后育有两个子女，且两个子女尚未成年，父母离婚往往会对孩子成长产生不利影响，为顾及双方子女利益，家庭关系稳定，社会和谐，判决不准张某云与张某森离婚。一审

① 现为《民法典》婚姻家庭编。

判决生效后，张某森与张某云继续分居。张某森仍时常殴打、恐吓张某云，导致张某云无法正常生活，夫妻关系并未改善，反而更加恶化。2020年4月，张某云以遭受家庭暴力请求离婚为由向某省某县司法局申请法律援助。在该局指引下，张某云向某省某县人民检察院申请支持起诉，该院审查后予以受理。当月，张某云再次向某县法院提起离婚诉讼，该县检察院同日发出支持起诉意见书。检察机关认为，张某云长期遭受家庭暴力，系家暴受害妇女，其合法权益应依法得到保护，根据《中华人民共和国民事诉讼法》第十五条①之规定，可以支持其向人民法院起诉离婚。

评析

国家禁止任何形式的家庭暴力。本案中，因未能提供充分证据证实达到法律规定的“家庭暴力”并导致夫妻感情确已破裂，一审法院判决不准离婚后，夫妻两人继续分居。分居后女方仍时常遭受殴打、恐吓，夫妻关系更加恶化。为维护家庭暴力受害人的合法权益，在充分尊重家庭暴力受害人真实意愿的前提下，对惧于家庭暴力不敢起诉，未获得妇女联合会等单位帮助的，检察机

① 《中华人民共和国民事诉讼法》已于2021年修正，现相关内容仍规定于第十五条，条文内容不变。

关可依申请发出支持起诉意见书，支持家庭暴力受害人起诉和维护其合法权益。

第六十六条　【妇女平等享有占有、使用、收益和处分夫妻共同财产的权利】妇女对夫妻共同财产享有与其配偶平等的占有、使用、收益和处分的权利，不受双方收入状况等情形的影响。

对夫妻共同所有的不动产以及可以联名登记的动产，女方有权要求在权属证书上记载其姓名；认为记载的权利人、标的物、权利比例等事项有错误的，有权依法申请更正登记或者异议登记，有关机构应当按照其申请依法办理相应登记手续。

第六十七条　【离婚诉讼期间夫妻双方申报全部夫妻共同财产的义务】离婚诉讼期间，夫妻一方申请查询登记在对方名下财产状况且确因客观原因不能自行收集的，人民法院应当进行调查取证，有关部门和单位应当予以协助。

离婚诉讼期间，夫妻双方均有向人民法院申报全部夫妻共同财产的义务。一方隐藏、转移、变卖、损毁、挥霍夫妻共同财产，或者伪造夫妻共同债务企图侵占另一方财产的，在离婚分割夫妻共同财产时，对该方可以少分或者不分财产。

第六十八条　【夫妻双方共同负担家庭义务】夫妻双方应当共同负担家庭义务，共同照顾家庭生活。

女方因抚育子女、照料老人、协助男方工作等负担较多义务的，有权在离婚时要求男方予以补偿。补偿办法由双方协议确定；协议不成的，可以向人民法院提起诉讼。

第六十九条　【夫妻共有房屋的离婚分割】离婚时，分割夫妻共有的房屋或者处理夫妻共同租住的房屋，由双方协议解决；协议不成的，可以向人民法院提起诉讼。

第七十条　【母亲的监护权不受干涉】父母双方对未成年子女享有平等的监护权。

父亲死亡、无监护能力或者有其他情形不能担任未成年子女的监护人的，母亲的监护权任何组织和个人不得干涉。

第七十一条　【丧失生育能力妇女对子女的优先抚养权】女方丧失生育能力的，在离婚处理子女抚养问题时，应当在最有利于未成年子女的条件下，优先考虑女方的抚养要求。

第八章　救济措施

第七十二条　【常规救济途径】对侵害妇女合法权益的行为，任何组织和个人都有权予以劝阻、制止或者向有关部门提出控告或者检举。有关部门接到控告或者检举后，应当依法及时处理，并为控告人、检举人保密。

妇女的合法权益受到侵害的，有权要求有关部门依法处理，或者依法申请调解、仲裁，或者向人民法院起诉。

对符合条件的妇女，当地法律援助机构或者司法机关应当给予帮助，依法为其提供法律援助或者司法救助。

第七十三条　【妇联的支持与帮助】妇女的合法权益受到侵害的，可以向妇女联合会等妇女组织求助。妇女联合会等妇女组织应当维护被侵害妇女的合法权益，有权要求并协助有关部门或者单位查处。有关部门或者单位应当依法查处，并予以答复；不予处理或者处理不当的，县级以上人民政府负责妇女儿童工作的机构、妇女联合会可以向其提出督促处理意见，必要时可以提请同级人民政府开展督查。

受害妇女进行诉讼需要帮助的，妇女联合会应当给予支持和帮助。

第七十四条 【对用人单位侵害妇女权益的联合约谈机制】用人单位侵害妇女劳动和社会保障权益的，人力资源和社会保障部门可以联合工会、妇女联合会约谈用人单位，依法进行监督并要求其限期纠正。

知识点 保障妇女劳动权益的联合约谈机制

为了保障女性公平就业的合法权益，《妇女权益保障法》规定了“联合约谈机制”。即妇女劳动和社会保障权益受到侵害的，人力资源和社会保障部门可以联合工会、妇女联合会约谈用人单位，依法进行监督并要求其限期纠正。全国妇联为加强保障女性合法权益，在2016年制定了《妇联组织促进女性公平就业约谈暂行办法》，之后各地陆续探索建立联合约谈机制。2022年，联合约谈机制进一步被纳入《妇女权益保障法》。

案例

产假期间被扣生育津贴获赔案

陈某某于2017年11月7日入职北京某咨询公司（以下简称公司），劳动合同为期3年，工作地点为某省某市。

2019 年 4 月 16 日起，陈某某经公司批准休产假，第二天被公司告知该区域业务经营调整，决定撤销其所在岗位，并与其解除劳动合同。陈某某提出抗议，要求公司赔偿并出具书面解除证明，遭到拒绝。2019 年 7 月，陈某某按公司要求向当地社保部门申领了生育津贴，但公司一直未向其支付。

陈某某向某省职工服务中心（以下简称中心）申请工会法律援助，中心工作人员经核实确认情况属实后，指派省工会法律援助律师代理其向某省劳动人事争议仲裁委员会申请仲裁。律师指导陈某某与公司负责人再次沟通还原事情经过，并保存电话录音、微信聊天记录，与劳动合同、工作系统内部聊天记录、社保清单、工资银行流水明细等证据一同提交给仲裁委员会。同年 12 月 20 日，该省劳动人事争议仲裁委员会作出案件逾期告知书，告知陈某某可向人民法院提起诉讼。

2020 年 6 月 17 日，某市某区人民法院开庭审理此案，公司经合法传唤无正当理由未到庭参加诉讼。因事实清楚、证据充分，法院判决基本支持了陈某某的诉讼请求，确认陈某某与公司自 2017 年 11 月 7 日至 2019 年 4 月 17 日期间存在劳动关系，判决公司向陈某某支付违法解除劳动关系赔偿金、产假期间的生育津贴、失业期间的失业保险金损失，共计 48439.35 元。公司于 2020 年 11 月中旬执行了判决。

评析

根据《妇女权益保障法》《劳动合同法》《社会保险法》和《女职工劳动保护特别规定》等国家法律法规，女职工怀孕、生育、哺乳的，用人单位不能单方与其解除劳动合同，具有《劳动合同法》第三十九条规定的情形除外；女职工合法生育产假期间，应当享受生育津贴。本案中，公司以业务经营调整为由单方解除与“三期”女职工陈某某的劳动关系，并克扣了陈某某的生育津贴，构成违法。而陈某某在遇到困难时，积极向中心申请工会法律援助，充分发挥了工会的作用，较好地维护了自身合法权益。

第七十五条　【妇女在农村集体经济组织中权益的保护】妇女在农村集体经济组织成员身份确认等方面权益受到侵害的，可以申请乡镇人民政府等进行协调，或者向人民法院起诉。

乡镇人民政府应当对村民自治章程、村规民约，村民会议、村民代表会议的决定以及其他涉及村民利益事项的决定进行指导，对其中违反法律、法规和国家政策规定，侵害妇女合法权益的内容责令改正；受侵害妇女向农村土地承包仲裁机构申请仲裁或者向人民法院起诉的，农村土地承包仲裁机构或者人民法院应当依法受理。

第七十六条　【妇女权益保护服务热线】县级以上人民政府应当开通全国统一的妇女权益保护服务热线，及时受理、移送有关侵害妇女合法权益的投诉、举报；有关部门或者单位接到投诉、举报后，应当及时予以处置。

鼓励和支持群团组织、企业事业单位、社会组织和个人参与建设妇女权益保护服务热线，提供妇女权益保护方面的咨询、帮助。

第七十七条　【检察机关检察建议和提起公益诉讼】侵害妇女合法权益，导致社会公共利益受损的，检察机关可以发出检察建议；有下列情形之一的，检察机关可以依法提起公益诉讼：

（一）确认农村妇女集体经济组织成员身份时侵害妇女权益或者侵害妇女享有的农村土地承包和集体收益、土地征收征用补偿分配权益和宅基地使用权益；

（二）侵害妇女平等就业权益；

（三）相关单位未采取合理措施预防和制止性骚扰；

（四）通过大众传播媒介或者其他方式贬低损害

妇女人格；

（五）其他严重侵害妇女权益的情形。

知识点 妇女权益保障检察公益诉讼制度和支持起诉制度

为了更好地遏制侵害广大妇女权益的各种违法犯罪行为，《妇女权益保障法》专门规定了妇女权益保障检察公益诉讼制度。即在一些特殊情况下，侵害妇女合法权益，导致社会公共利益受损的，检察机关可以发出检察建议或者提起公益诉讼。此外还规定了支持起诉制度（第七十八条），即国家机关、社会团体、企业事业单位对侵害妇女权益的行为，可以支持受侵害的妇女向人民法院起诉。

这样的制度设计有助于充分发挥检察机关和其他机关单位的作用，更加有力地解决妇女被拐卖、性侵、家庭暴力等问题，进一步促进全社会形成依法保护妇女权益的法治共识。

第七十八条 【有关单位支持受侵害的妇女起诉】国家机关、社会团体、企业事业单位对侵害妇女权益的行为，可以支持受侵害的妇女向人民法院起诉。

第九章　法律责任

第七十九条　【发现妇女被拐卖、绑架未履行报告义务的责任】违反本法第二十二条第二款规定，未履行报告义务的，依法对直接负责的主管人员和其他直接责任人员给予处分。

第八十条　【学校、用人单位未采取措施预防和制止对妇女实施性骚扰的责任】违反本法规定，对妇女实施性骚扰的，由公安机关给予批评教育或者出具告诫书，并由所在单位依法给予处分。

学校、用人单位违反本法规定，未采取必要措施预防和制止性骚扰，造成妇女权益受到侵害或者社会影响恶劣的，由上级机关或者主管部门责令改正；拒不改正或者情节严重的，依法对直接负责的主管人员和其他直接责任人员给予处分。

第八十一条　【住宿经营者发现侵害妇女权益违法犯罪未履行报告义务的责任】违反本法第二十六条规定，未履行报告等义务的，依法给予警告、责令停业整顿或者吊销营业执照、吊销相关许可证，并处一万元以上五万元以下罚款。

第八十二条　【通过大众传播媒介等方式贬低损害妇女人格的责任】违反本法规定，通过大众传播媒介或者其他方式贬低损害妇女人格的，由公安、网信、文化旅游、广播电视、新闻出版或者其他有关部门依据各自的职权责令改正，并依法给予行政处罚。

第八十三条　【用人单位就业性别歧视和侵害女职工法定权益的责任】用人单位违反本法第四十三条和第四十八条规定的，由人力资源和社会保障部门责令改正；拒不改正或者情节严重的，处一万元以上五万元以下罚款。

第八十四条　【不作为、打击报复等消极行为的主管人员和其他直接责任人责任】违反本法规定，对侵害妇女权益的申诉、控告、检举，推诿、拖延、压制不予查处，或者对提出申诉、控告、检举的人进行打击报复的，依法责令改正，并对直接负责的主管人员和其他直接责任人员给予处分。

国家机关及其工作人员未依法履行职责，对侵害妇女权益的行为未及时制止或者未给予受害妇女必要帮助，造成严重后果的，依法对直接负责的主管人员和其他直接责任人员给予处分。

违反本法规定，侵害妇女人身和人格权益、文化教育权益、劳动和社会保障权益、财产权益以及婚姻家庭权益的，依法责令改正，直接负责的主管人员和其他直接责任人员属于国家工作人员的，依法给予处分。

知识点 学校、用人单位未采取必要措施预防和制止性骚扰的法律责任

《民法典》人格权编第一千零一十条第二款规定，机关、企业、学校等单位应当采取合理的预防、受理投诉、调查处置等措施，防止和制止利用职权、从属关系等实施性骚扰。《妇女权益保障法》也规定，学校应当建立预防性侵害、性骚扰的工作制度。对性侵害、性骚扰女学生的违法犯罪行为，学校不得隐瞒，应当及时通知受害未成年女学生的父母或者其他监护人，向公安机关、教育行政部门报告，并配合相关部门依法处理（第二十四条第二款）；用人单位应当采取相应措施预防和制止对妇女的性骚扰（第二十五条）。而学校、用人单位违反规定，未采取必要措施预防和制止性骚扰，造成妇女权益受到侵害或者社会影响恶劣的，由上级机关或者主管部门责令改正；拒不改正或者情节严重的，依法对直接负责的主管人员和其他直接责任人员给予处分（第八十条第二款）。

第八十五条　【侵害妇女合法权益的其他法律责任】违反本法规定，侵害妇女的合法权益，其他法律、法规规定行政处罚的，从其规定；造成财产损失或者人身损害的，依法承担民事责任；构成犯罪的，依法追究刑事责任。

第十章　附　　则

第八十六条　【施行日期】本法自 2023 年 1 月 1 日起施行。

图书在版编目（CIP）数据

妇女权益保障法学习宣传本 /《妇女权益保障法学习宣传本》编写组编 . —北京：中国法制出版社，2022. 11

ISBN 978-7-5216-2997-2

Ⅰ. ①妇… Ⅱ. ①妇… Ⅲ. 妇女权益保障法-基本知识-中国 Ⅳ. ①D922. 75

中国版本图书馆 CIP 数据核字（2022）第 196147 号

责任编辑：马春芳　　封面设计：杨泽江

妇女权益保障法学习宣传本

FUNÜ QUANYI BAOZHANGFA XUEXI XUANCHUANBEN

编者/《妇女权益保障法学习宣传本》编写组

经销/新华书店

印刷/三河市国英印务有限公司

开本/880×1230 毫米　32 开　　印张 / 2　字数 / 25 千

版次/2022 年 11 月第 1 版　　2022 年 11 月第 1 次印刷

中国法制出版社出版

书号 ISBN 978-7-5216-2997-2　　定价：16. 00 元

北京市西城区西便门西里甲 16 号西便门办公区

邮政编码：100053　　传真：010-63141600

网址：http：//www. zgfzs. com　　**编辑部电话：010-63141823**

市场营销部电话：010-63141612　　**印务部电话：010-63141606**

（如有印装质量问题，请与本社印务部联系。）